AF592976

REGARDS CONTRASTIFS DE LA PHRASÉOLOGIE: FRANÇAIS, PORTUGAIS, VIETNAMIEN

Minh Ha Lo-Cicero

Title: **REGARDS CONTRASTIFS DE LA PHRASÉOLOGIE: FRANÇAIS, PORTUGAIS, VIETNAMIEN**

ISBN: 979-8-89248-677-4

Author: Minh Ha Lo-Cicero

Cover image: www.pixabay.com

Publisher: Generis Publishing
Online orders: www.generis-publishing.com
Contact email: info@generis-publishing.com

TABLE OF CONTENTS

TABLE OF CONTENTS

Minh Ha Lo-Cicero (PhD)

Regards contrastifs trilingues: lexique du *vieillissement et ses dérivés* dans le proverbe et l'expression figée

Ex-enseignante
de l'Université de Madère
Faculté des Arts et des Humanités
Département des Langues, Littératures et Cultures
Campus Universitário da Penteada
9020-105 Funchal - Portugal
Email: minhhasalsa@gmail.com

Résumé

Quelles perspectives morphosyntaxiques et lexico-sémantiques offre le lexique du «vieillissement» et ses dérivés présents dans le proverbe et dans l'expression figée, en contraste avec leurs équivalents portugais et vietnamien?

(1) Dans les vieux pots, les bonnes soupes. (Français)

Em velha gamela também se faz boa sopa. (Portugais)

Galinha velha (é que) dá bom caldo. (Portugais) Variante 1

Càng già, càng dẻo, càng dai. (Vietnamien)

Càng / già / càng / dẻo / càng / dai.

Plus / vieux / plus / flexible / plus / tenace

Plus on est vieux, plus on est flexible, plus on devient tenace.

Le proverbe dans les trois langues repose sur les différents types de support: bestiaire, nourriture, accessoires de cuisine, être humain. Les images divergent ou coïncident mais expriment le même concept.

(2) Vieux comme Mathusalem. (Français)

Velho como a Sé de Braga. (Portugais)

Già bằng ông Bành Tổ. (Vietnamien)

Già / bằng / ông / Bành Tổ.

Vieux / égal à / monsieur / personnage chinois

Les expressions figées (2) dans les langues sont variées; la comparaison est culturelle avec les trois symboles d'ancienneté, «Mathusalem, a Sé de Braga, ông Bành Tổ».

L'étude contrastive du proverbe et de l'expression figée est le cœur de notre recherche; elle est enrichie par les procédés linguistiques divers, lexico-sémantiques, morphosyntaxiques et surtout culturels entre les langues: romanes (le français et le portugais), et austroasiatique (le vietnamien).

Mots-clés: vieillissement - proverbes - expressions figées – linguistique – trilingue –- dérivés

About the concept, "There are different ways of understanding culture (language), each with different emphases, but the most important points are the following: a) culture must have values, b) those values must be created by human beings (not naturally created) c) this creation is a continuous historical process, and d) those values must form into a rigorous system." (Introduction, Trần, 2021: 29).

1. L'interprétation du «vieillissement» et ses dérivés dans le proverbe et l'expression idiomatique françaises et ses équivalents portugais et vietnamiens

Le domaine du «vieillissement» en linguistique est un thème original. Le terme «vieillissement» et ses dérivés – (vieux – vieillir – vieillesse – vieillard -) peuvent couvrir ce domaine riche et complexe, autre que le domaine de la nature humaine: le vieillissement des objets ou les phénomènes naturels que nous rencontrons dans la vie courante.

La langue fait partie de la culture. Le phénomène des faits de langue s'explique parfois difficilement en raison de cette dernière. Selon Trần[1] (2021:29),

> Il existe différentes manières de comprendre la culture, chacune avec des accents différents, mais les points les plus importants sont les suivants: a) la culture doit avoir des valeurs, b) ces valeurs doivent être créées par des êtres humains (pas naturellement créées) c) cette création est un processus historique continu, et d) ces valeurs doivent former un système rigoureux (Introduction, Trần, 2021: 29).

Étudier le lexico-sémantique et la morphosyntaxe du thème du «vieillissement» inséré dans le proverbe et dans l'expression idiomatique dans le contexte de traduction entre les langues, le français, le portugais et le vietnamien, dans la perspective de l'étude contrastive, serait fructueux.

(1) Dans les vieux pots, les bonnes soupes. (F[2])

C'est dans les vieux pots qu'on fait la meilleure soupe. (F)Variante 1

Coco vellho é que dá azeite. (P[3])

Em velha gamela também se faz boa sopa. (P) Variante 1

[1] Notre traduction.
[2] Français.
[3] Portugais.

Galinha velha (é que) dá bom caldo. (P) Variante 2)

Càng già càng dẻo càng dai. Vietnamien (Vn[4])

Càng / già / càng / dẻo / càng / dai.

Plus / vieux / plus / flexible / plus / tenace

Le proverbe français et ses correspondances portugaises et vietnamiennes reposent sur différents types de support: bestiaire, nourriture, accessoires de cuisine, êtres humains. Les images divergent ou coïncident mais expriment le même concept. «Les personnes âgées, les vieux objets rendent toujours des services». (Lamaison, 2000).

L'exploitation du lexico-sémantique, de la morphosyntaxe, du rythme mélodique, de la linguistique, de la culture est extrêmement riche et instructive.

Dans l'exemple (1), en français, le proverbe a comme support les ustensiles de cuisine (les pots) et la nourriture (la soupe). En portugais, il y a l'équivalent presque littéral (P Variante1). Les vieux pots en français sont remplacés par «gamela/gamelle». Le proverbe portugais se base sur d'autres supports comme le fruit et l'huile alimentaire (la noix de coco et l'huile), l'animal (la poule), la nourriture (caldo/bouillon), l'accessoire de cuisine (gamela/gamelle) et la nourriture (sopa/soupe).

En vietnamien, en revanche, le proverbe utilise le support de l'expérience humaine de la vieillesse: plus on devient vieux, plus on est persistant (résilient). C'est l'équivalent du proverbe français et portugais; la comparaison est analogique.

Le proverbe français et ses équivalents portugais et vietnamien et leurs variantes possèdent le même concept, et la métaphore est différente les unes des autres. Nous l'évoquerons ultérieurement.

Chacun d'eux possède son rythme et sa mélodie particuliers: en français et en portugais, ils sont binaires (Dans les vieux pots, les bonnes soupes. / Coco velho é que dá azeite.) En portugais, nous observons trois versions originales. En vietnamien, le proverbe est ternaire (càng già / càng dẻo / càng dai); c'est une langue polytonale et sa caractéristique mélodique du proverbe dénote l'originalité des trois tons: già (ton huyền - grave), dẻo (ton hỏi- interrogatif), dai (ton plat).

[4] Vietnamien.

Observer les faits de langues ancrés dans chaque langue/culture *via* l'étude du proverbe et de l'expression figée ou idiomatique en contraste est notre objectif clé car ces derniers reflètent parfaitement leurs spécificités linguistiques et culturelles, c'est-à-dire ceux qui sont propres au français et au portugais, deux langues flexionnelles indo-européennes, et au vietnamien, langue isolante austroasiatique.

2. Choix du proverbe et ses équivalents portugais et/ou vietnamien

En premier lieu, afin de satisfaire les besoins de notre étude, nous nous concentrons sur le terme «vieillissement» et ses dérivés dans les proverbes et les expressions figées en français et ses équivalents portugais et vietnamiens.

L'interprétation des termes «vieux, vieillard, vieillissement, etc.» - termes de la même famille - varie selon le contexte tel qu'on avait observé dans l'exemple (1). La traduction de «vieux» est «velho» en portugais, et «già» en vietnamien. Le contexte est entièrement différent mais le concept est le même. Seules les images sont exprimées distinctement.

La comparaison des supports des trois proverbes concernant ces termes, à propos de leurs lexiques, leurs morphosyntaxes, leurs lexico-sémantiques, se réalise dans ce sens, dépendant de leurs caractéristiques linguistiques et culturelles.

Le proverbe est un micro-genre particulier. Voici une définition générale: «Vérité d'expérience, ou conseil de sagesse pratique et populaire, elliptique généralement et figurée» (Petit Robert, 1989). L'expression figée est propre à un idiome. Elle varie d'une langue à l'autre.

Le proverbe et l'expression figée canoniques étudiés (dépourvus de contexte) concernent spécifiquement le terme «vieillissement» et ses dérivés.

3. Étude contrastive

3.1. Multiculture, même concept, différentes images

Reprenons l'exemple (1).

(1) Dans les vieux pots, les bonnes soupes. (F)

(1a) C'est dans les vieux pots qu'on fait la meilleure soupe. (F) V[5]1

(1b) Coco vellho é que dá azeite. (P)

(1c) Em velha gamela também se faz boa sopa. (P) V1

(1d) Galinha velha (é que) dá bom caldo. (P) V2

(1e) Càng già càng dẻo càng dai. (Vn)

Càng / già /càng / dẻo / càng / dai

Plus / vieux / plus / flexible / plus / tenace

Plus on est vieux, plus on est flexible, plus on devient tenace[6].

En premier lieu, observons le proverbe français (1): il est binaire, séparé par une virgule. «Les vieux pots» sont le contraire de «les bonnes soupes» décrits par les adjectifs «vieux» et «bonnes», c'est-à-dire que même si on fait des soupes dans les vieux pots, elles sont bonnes. Sa variante (2) illustre cette opposition: «C'est dans les vieux pots qu'on fait la meilleure soupe». On voit clairement cette opposition sémantique. Ce proverbe est elliptique; il n'y a pas de verbe. «Dans les vieux pots» désigne la cause, tandis que «les bonnes soupes» est la conséquence. L'interprétation est aisée.

Concernant la variante (F V1), elle est complète; c'est une phrase complexe:

C'est dans les vieux pots: proposition principale / qu'on fait la meilleure soupe: proposition subordonnée conjonctive

On observe également le proverbe en deux temps; il possède deux verbes en conséquence tandis que le proverbe initial est elliptique. C'est la construction de la mise en relief grâce à la structure «c'est ... que», appelée aussi «emphase». Dans ce cas, le groupe nominal circonstanciel de lieu est introduit par l'adverbe de lieu «dans», qui met en relief «les vieux pots». L'emphase est basée sur une extraction. Comme le définissent Riegel, Pellat & Rioul (1994:725):

[5] Variante.
[6] Notre traduction.

L'extraction met en œuvre le procédé emphatique qui associe une locution identifiante (notamment *c'est*) et une relative pour extraire un constituant de la phrase et qui permet d'obtenir ainsi une phrase dite *clivée*.

Le procédé emphatique relève de la locution identifiante «c'est dans les vieux pots» et s'associe à une subordonnée complétive «qu'on fait la meilleure soupe». Cette association exprime distinctement l'idée d'opposition entre «les vieux pots» et «la bonne soupe». Cette structure emphatique exprime «Le fait d'attirer particulièrement l'attention sur un des éléments de la phrase» (Grevisse, 1993: 695), ici «dans les vieux pots», l'élément circonstanciel de lieu.

Le proverbe portugais (1b), son équivalent, n'est pas elliptique. La version portugaise utilise la structure avec la locution «é que» et correspond à «c'est ... qui/ c'est ... que»: Coco velho é que dá azeite.

Le portugais fait un grand usage, surtout dans le registre parlé, de la locution «é que», devenu un simple morphème grammatical servant à mettre en valeur l'un des éléments de la phrase (sur «é que» est employé avec les interrogatifs (cf. Tessier, 1992:193 - 65.7).

«Coco velho» est le syntagme nominal. En réalité, la phrase de départ est «É coco velho que dá azeite. / *C'est* la vieille noix de coco *qui* donne de l'huile d'olive». On retrouve la version structurale française. Ainsi, «É coco velho / c'est la vieille noix de coco» est l'élément en relief équivalent à la version d'origine, «Coco velho *é que* dá azeite.»

La variante portugaise 1 en est une autre (1c).

(1c) Em velha gamela também se faz boa sopa. (P)

C'est aussi dans une vieille gamelle qu'on fait de la bonne soupe.

Dans une vieille gamelle également se fait une bonne soupe. (TL[7]).

«Se faz» est la formule équivalente à «on + verbe 3ème personne singulier». La traduction française avec «c'est... que» donne de l'emphase avec le complément circonstanciel de lieu «dans une vieille gamelle», en plus de l'adverbe «aussi» qui dénote un fait identique et qui donne son importance pour faire une bonne soupe, équivaut à la locution portugaise «é que».

[7] TL: Traduction Littérale.

(1d) Galinha velha (é que) dá bom caldo. (P) V2

Une vieille poule donne un bon bouillon. (TL)

C'est une vieille poule qui donne un bon bouillon.

Cette variante portugaise (1c) peut être formulée de deux manières: une phrase simple, ou bien une phrase avec la construction «é que / c'est ... qui/que». En portugais, les articles sont absents.

Abordons maintenant le proverbe vietnamien (1e). La version vietnamienne est différente. En premier lieu, notons la mélodie qui souligne davantage le contenu sémantique et linguistique grâce à la structure ternaire «càng ... càng... càng/ plus...plus...plus », en ajoutant les adjectifs «già/ vieux; dẻo/flexible; dai/tenace». En effet, le vietnamien possède six tons qui donnent de la cadence au proverbe. Dans celui-ci, trois tons sont présents: bằng, huyền, hỏi/égal, grave, interrogatif. Le ton grave/huyền (càng/plus) rythme les trois adjectifs qualificatifs: già/vieux; dẻo/flexible; dai/tenace, trois mouvements mélodiques.

Du point de vue linguistique, cette structure grammaticale correspond à la construction parallèle «plus... plus»; le fait positif d'être vieux entraine la flexibilité et la ténacité, contrairement à ce qu'on pense de la vieillesse. Le respect des personnes âgées est ancré dans la culture vietnamienne; c'est la raison pour laquelle, ce proverbe équivalent vietnamien a pour support l'être humain. La vieillesse est une des qualités que les Vietnamiens honorent. D'autres proverbes vont l'illustrer.

Le concept qu'utilisent le français et ses équivalents portugais et vietnamien est le même: il utilise l'opposition entre le vieillissement des objets, de l'être humain et leurs bons services (avec les vieux pots, les vieilles gamelles, les vieilles personnes).

Le proverbe français utilise une image, ou plus exactement, une métaphore. Il existe maintes définitions mais celle que nous retenons est celle de Riegel, Pellat et Rioul (1994: 935), qui nous semble adaptée:

> On peut définir la métaphore (du grec *méta-phora,* signifiant exactement «transfert», ou «transport») comme une dénomination ou une prédication volontairement impropre, mettant en œuvre, dans le cadre de la phrase, un rapport analogique: [...].

Du proverbe au sens réel de la définition de Lamaison, le sens a un rapport sémantique analogique entre la métaphore du proverbe et la définition de celui-ci: les personnes âgées et les vieux objets rendent toujours des services. Néanmoins, il existe un autre problème:

> Dans la métaphore proprement dite, l'opération ne porte que sur le signifié du terme métaphorique; il n'est nullement fait référence à l'objet désigné habituellement par les emplois au sens propre de ce terme. Dans ce qu'Aristote appelle «métaphore selon l'analogie», ou «métaphore proportionnelle», les objets eux-mêmes sont pris en compte, et c'est sur eux que se fait le calcul du rapport d'analogie nécessaire à l'interprétation: [...] (cité par Le Guern, 2008: 15).

Dans le cas qui nous intéresse, les objets eux-mêmes, en français et en portugais (les vieux pots / bonne soupe; coco / azeite, gamela / sopa) sont «pris en compte», car en réalité, l'emploi pragmatique de ce proverbe peut s'appliquer au sens propre comme au sens figuré. Mais le sens figuré est plus utilisé. En revanche, le proverbe vietnamien, son équivalent, décrit une vérité, et ce n'est pas une métaphore.

De ce fait, les proverbes français et portugais utilisent la métaphore, tandis que le proverbe vietnamien reflète le sens réel, «le proverbe sans figure» ou «le proverbe non-métaphorique», c'est-à-dire «le proverbe littéral» (Kleiber, 2017).

Ajoutons une variante de définition de «métaphore» dans le Dictionnaire encyclopédique des sciences du langage (Ducrot & Todorov, 1972: 354): «Emploi d'un mot dans un sens ressemblant à, et cependant différent de son sens habituel».

Concernant le trait définitoire proverbial, beaucoup d'autres questions linguistiques se posent encore, cependant, nous nous arrêtons simplement à ce niveau d'études: l'approche morphosyntaxique, lexicale et culturelle.

3.2. Le même concept, le même support, la même image, structures morphosyntaxiques divergentes

L'équivalent conceptuel concerne l'équivalent de sens entre la parémie en langue d'origine et en langue d'arrivée. Il s'opère selon le concept, et non selon l'équivalent littéral ou l'équivalent lexical auquel le lexique entre les trois langues correspond mot pour mot (Yelo, 2009: 82).

Nous allons l'illustrer.

3.2.1. Le proverbe français

(2a) Si jeunesse savait, si vieillesse pouvait. (F)

(2b) O moço por não saber e o velho por não poder deitam as coisas a perder. (P)

(2c) Khôn đâu đến trẻ, khỏe đâu đến già. (Vn)

«Les jeunes manquent d'expérience, les vieillards de force; le savoir est toujours en quête d'un pouvoir, et vice-versa (Lamaison, 2000)».

Le proverbe français et ses équivalents reposent sur l'expérience de la vie, la comparaison entre la jeunesse et la vieillesse.

Le proverbe se présente avec la conjonction de condition «si», en deux temps en opposant «jeunesse» et «vieillesse». Il est binaire et ces conjonctions rythment le proverbe en deux temps: «si…si». «Si» exige, dans cette situation, l'indicatif imparfait, une hypothèse irréalisable dans le présent (irréel du présent): certes, ce n'est qu'une hypothèse. Le proverbe se présente comme deux propositions subordonnées conjonctives, séparées par une virgule, par la juxtaposition dont leur fonction est une supposition, et que la principale est elliptique. En réalité, ces deux propositions subordonnées de condition sont antinomiques: «jeune / vieux; savait / pouvait; avec la conjonction de condition «si»; et pour cause, cette juxtaposition peut avoir plusieurs significations ou fonctions, dont celle-ci concerne une opposition.

La définition de Lamaison sur le sens du proverbe est intéressante. Les jeunes, sont forts, mais manquent d'expérience, de sagesse; les vieux ont beaucoup d'expérience, de savoir, mais manquent de force. La signification antinomique des deux suppositions s'entrecroise. Si la jeunesse et la vieillesse s'unissaient, elles pourraient réussir dans leur entreprise.

Les éléments phonétiques du proverbe constituent sa mélodie rythmée et aussi les rimes:

Si / si: conjonction de subordination de condition / hypothèse

jeun*esse*: article défini + nom commun (-esse)

vieill*esse* article défini + nom commun (-esse)

sav*ait* / pouv*ait*: deux procès à l'imparfait de l'indicatif en *-ait*, 3ème personne du singulier.

Il faut retenir ces quelques propriétés morphologiques du proverbe: courte et facile à mémoriser, elliptique, rimée, rythmée, mélodique et tonale. Ces éléments morphosyntaxiques et lexico-sémantiques du proverbe constituent ses propriétés. L'absence de la proposition principale est intentionnée; on n'a nul besoin de la principale car la suite du proverbe est ouverte grâce à l'expérience de la vie humaine. C'est une vérité d'expérience vécue des êtres humains, transmise de génération en génération.

3.2.2. Le proverbe portugais

«O moço por não saber e o velho por não poder deitam as coisas a perder» (2b) est l'équivalent du proverbe français (2a). Pour l'analyser, nous le divisons en cinq temps:

(2b) 1. O moço / le jeune

2. por não saber / pour ne pas savoir

3. e o velho / le vieux

4. por não poder / pour ne pas pouvoir

5. deitam as coisas a perder / finissent par perdre (échouer) les choses. (TL) (ne résolvent en rien les choses.)

En préambule, à propos de la mélodie – à l'oral intonatif – en plus des rimes du proverbe: «O moç*o*» rime avec «o velho», «sab*er*» avec «pod*er*» et «perd*er*». Le lexico-sémantique du verbe «não saber» s'oppose à «não poder» et «o moço» est opposé à «o velho». On comprend aisément le sens du proverbe.

Il est intéressant d'étudier la morphosyntaxe du proverbe d'origine. L'utilisation de la préposition «por» est spécifique; l'emploi de «pour + infinitif», exprime «la cause». On peut le traduire:

Le jeune, *car/parce* qu'- il ne (le) sait pas. Le jeune, pour ne pas savoir *(parce que ne pas savoir)*

«Et le vieux, *car/parce* qu'- il ne (le) peut pas». Et le vieux, pour ne pas pouvoir *(parce que ne pas pouvoir)*

Finissent par gâcher les choses.

L'infinitif doit toujours avoir un sujet exprimé. Dans cet exemple, c'est «O moço» qui est le sujet nominal de «não saber» et «o velho», de «não poder». L'intonation fait comprendre au lecteur la signification du proverbe. L'absence de ponctuation ne perturbe pas sa compréhension. Contrairement au proverbe français, il n'y a pas de propositions de condition avec «si». Le proverbe portugais est une phrase infinitive complexe à la forme négative. «Por» présente plusieurs fonctions syntaxiques en tant que préposition: «emplois notionnels». Dans son ouvrage «Manuel de langue portugaise Portugal – Brésil» (1992), Tessier présente dix emplois notionnels de «por» dont «por + infinitif» qui formule la cause.

Le sens du proverbe en portugais et en français est structuré différemment du point de vue morphosyntaxique, mais le lexico-sémantique/le concept reste le même: «O moço / la jeunesse; o velho / la vieillesse; não saber / (si) savait; não poder / (si) pouvait». En français, l'expression de la condition proverbiale avec «si» exige le temps verbal à l'imparfait tandis qu'en portugais, le proverbe est à la forme négative, une phrase complexe infinitive.

Analysons le proverbe portugais, du point de vue de la syntaxe; il est court mais riche d'interprétation significative.

En premier lieu, à propos de la forme verbale infinitive: les infinitives «não saber» et «não poder» sont des infinitifs personnels ou flexionnés. Il est difficile de les distinguer s'ils sont flexionnés ou non-flexionnés car les 1ère et 3ème personnes ont la désinence zéro «saber / poder» à la forme négative tandis que les autres personnes ont leur désinence précise: «saberes/poderes» (2ème personne singulier par exemple). Le sujet nominal de «não poder» est «O moço», et de «não poder», «o velho».

Quant à la forme verbale «deitam as coisas a perder», observons-la: en fait, cette forme verbale - une locution verbale - signifie simplement «gâcher, ruiner, détruire». Mais nous l'avons traduite aussi par une locution verbale «Finissent par gâcher les choses». La locution proverbiale « deitar/ pôr a perder» se définit: «Cause a ruína, desgraça, derrota, destruição.» Cela justifie notre traduction. La forme verbale choisie, «finir par»: par son 3ème sens signifie «arriver, après une série de faits, à tel ou tel résultat». Dans le proverbe en question, il y a trois faits bien précis: a. le jeune qui ne sait pas; b. le vieux qui ne peut pas; c. le résultat est que cela finit par «gâcher les choses, les activités, etc.».

Nous avons pu trouver l'équivalent portugais, mot pour mot, du proverbe français avec «se / si»:

Se a juventude *soubesse*, se o velhice *pudesse*.

Comme le définit Chacoto (2009): pour obtenir la correspondance totale, il faut impérativement qu'il y ait correspondance du point de vue sémantique, mais aussi du point de vue formel entre les deux invariantes formelles ou structurelles et invariantes sémantiques. Entre le français et le portugais, c'est le cas parfait de cet exemple. La seule différence de syntaxe est l'emploi du temps verbal: en français, avec «si», c'est l'imparfait de l'indicatif. En portugais avec la conjonction «se/si», c'est le «subjonctif de l'imparfait (conjuntivo imperfeito)».

Se + imparfait du subjonctif, condition (portugais) / Si + imparfait de l'indicatif, condition (français).

Comme l'exige le proverbe, les rimes doivent correspondre: «soubesse / pudesse»; «a juventude» est antonymique à «o velhice»; et enfin il y a la conjonction «se/si» dans les deux subordonnées de condition. Comme en français, le proverbe portugais possède seulement deux propositions subordonnées de condition, et la principale est elliptique.

Néanmoins, il existe une variante qui nous éclaircit la syntaxe portugaise proverbiale:

(2b) Perde-se o velho por não poder, perde-se o moço por não saber. (P)

On perd le vieux pour ne pas pouvoir, on perd le jeune pour ne pas savoir. (TL)

Le fragment «deitam as coisas a perder» dans le proverbe d'origine est occulté; les deux procès «perde-se», dans les propositions juxtaposées, sont séparés par une virgule. Le procès «perde-se» apparaît deux fois. Toutefois, on note la forme verbale pronominale «perde-se». Comment l'interpréter?

En français, son équivalent s'interprète avec la formule «on»:

«Perde», avec «se» demande la 3ème personne du singulier. La forme verbale correspond au sujet impersonnel «on»: «on perd / perde-se»; le pronom réfléchi «se» suit toujours le verbe. «Dans ce cas, le verbe est toujours transitif, de sens passif. Il s'accorde avec son sujet, placé après lui» (Tessier, 1992: 196).

On perd le vieux pour non-pouvoir (pour ne pas pouvoir), on perd le jeune pour non savoir (pour ne pas savoir) (TL).

En français comme en portugais, la préposition «pour/por» est aussi équivalente car elle exprime la cause. Voici la valeur de «pour» en français: à cause de (Le Petit Robert, 1989), et sa valeur «por» en portugais: expression de la cause (cf. page 6). Dans les deux langues, cette locution verbale de cause est la même structure syntaxique: «por + infinitivo / pour + infinitif».

3.2.3. Le proverbe vietnamien

Dans le proverbe vietnamien, il existe une morphosyntaxe proverbiale différente, et il est elliptique, comme en français d'où la correspondance partielle.

(2c) *Khôn* đâu đến trẻ, *khỏe* đâu đến già. (Vn)

(2a) Si jeunesse savait, si vieillesse pouvait. (F)

En premier lieu, à propos du rythme et de la mélodie: «Khôn / intelligent, sage» s'oppose à «khỏe / sain, fort»; «trẻ / jeune» s'oppose à «già / vieux».

Le concept du proverbe est le même dans les trois langues car les images correspondent. En effet, le proverbe se base sur le même support: l'expérience des êtres humains. Seule la syntaxe diverge, selon la linguistique et la culture portugaises, du français et du vietnamien, d'où la correspondance partielle: «La correspondance est partielle lorsque le lexique ou la structure syntaxique présente quelques petites différences (Chacoto, 2009, cité par Lo-Cicero, 2016: 425).

Avant de continuer notre propos, nous aimerions donner quelques points linguistiques qu'il faut prendre en considération:

1. Le vietnamien est une langue isolante et austroasiatique.

2. Tous les mots/morphèmes sont monosyllabiques. Ils peuvent être composés également: ô: parapluie (le parler du nord Vietnam). Xe (véhicule) đạp (pédaler): vélo. Les mots sont chacun revêtus de l'un des six tons pour distinguer d'un mot à un autre. «Ma» / ton égal fantôme; «má» / ton aigu (maman), etc.

3. La définition du terme «langue isolante» est:

Les langues isolantes, ou analytiques, sont des langues dans lesquelles l'énoncé est composé d'éléments lexicaux simples, juxtaposés, morphologiquement indépendants, et tendant à l'invariabilité. Dépourvues de marques flexionnelles et dérivationnelles, ces langues expriment les relations grammaticales par l'ordre des constituants, par l'intonation, et par des morphèmes autonomes spécialisés dans l'expression des catégories grammaticales, comme le nombre, la personne, etc, (Dictionnaire des Sciences du Langage, Neveu, 2004: 170).

Revenons au proverbe vietnamien. Pour l'étudier, notre premier point est de se demander le sens de «đâu». D'ailleurs, nous avons eu du mal pour l'interpréter correctement. Le morphème «đâu» peut avoir plusieurs significations. Comme on le sait, le proverbe est court, mélodique, et polytonale. On peut le reformuler d'une manière classique:

(2c) Khôn đâu ở tuổi trẻ. (Vn)

Khôn / đâu / ở / tuổi / trẻ.

Intelligent / marqueur négatif / préposition chez / âge / jeune

Point d'expérience/de savoir chez les jeunes.

Khỏe đâu ở tuổi già. (Vn) V1

Khỏe / đâu / ở / tuổi / già.

Fort / marqueur négatif / préposition chez / âge / vieux

Point de force chez les vieux.

Le sens d'après la définition à propos de «đâu»: «Le mot dénote la négation de ce que la personne qui veut affirmer définitivement n'existe pas, ne se produit aucunement, contrairement à ce que l'interlocuteur a ou pourrait penser[8] (Tự Điển Tiếng Việt[9], 1994)».

Le sens le plus courant est le pronom relatif «où» ou l'adverbe de lieu, d'où son interprétation erronée parfois, comme le montrent les exemples (3) et (4).

(3) Nó có biết *đâu*. Tôi *đâu* có ngờ.

[8] Nous proposons la traduction. «Từ biểu thị ý phủ định về điều mà người muốn khẳng định dứt khoát là không hề có, không hề xảy ra, không như người đối thoại đã hoặc có thể nghĩ». Hoàng Phê, Viện Ngôn Ngữ Học, Nhà Xuất Bản Khoa Học Xã Hội, Trung Tâm Từ Điển Học, Hà Nội – 1994.

[9] Dictionnaire vietnamien.

Il / avoir / savoir /négatif – Moi / négatif / avoir / douter

Il ne (le) sait pas. Je ne m'y attendais pas.

(4) Nhà *ở đâu*?

Où est la maison?

Dans les exemples (3) et (4), la différence de l'utilisation est la présence/absence de l'adverbe ci-contre «ở». Sans cet adverbe, «đâu» exprime une négation.

Le terme «khôn/intelligent» et «khỏe (fort)» ne sont pas les équivalents de «savoir» et de «pouvoir»; toutefois, «savoir» concerne «l'intelligence, la sagesse /khôn», et «pouvoir» est lié à «la force, l'état d'être en bonne santé/khoẻ».

(5) Rien ne vieillit plus vite qu'un bienfait. (F)

O dia de graça é o da véspera da ingratidão. (P)

Ơn bằng cái đĩa, nghĩa bằng con ruồi. (Vn)

Ơn / bằng / cái / đĩa, / nghĩa / bằng / con / ruồigratitude / égaler / class[10]*. inan*[11]*. / assiette /loyauté /égaler / class. anim*[12]*./ mouche*

La gratitude égale à l'assiette, la loyauté égale à une mouche.

Nous avons enfin le dernier exemple du proverbe français (5), où apparaît la forme verbale «ne vieillit». «Rien» signifie «nulle chose»; ainsi on peut formuler le proverbe: «Nulle chose» ne vieillit plus vite qu'un bienfait»; le sujet grammatical de «ne vieillit» est «rien ne» (forme négative: pronom négatif ou pronom indéfini + l'adverbe de négation «ne»). On peut également formuler d'une autre manière: « un bienfait vieillit plus vite qu'autre chose» qui est à la forme affirmative. Nous avons affaire à la construction de l'adverbe comparatif (plus vite), «forme négative ne + vieillit + plus + adverbe + que».

La forme verbale «vieillit» exprime la longue durée de vie, la prise de l'âge. Le proverbe français suggère que le bienfait ne dure pas longtemps. Le sens de l'expression idiomatique française coïncide avec le sens vietnamien.

[10] Classificateur.
[11] Inanimé.
[12] Animé.

Le proverbe vietnamien exprime la même idée, le même concept, mais de forme différente: le contraste est pertinent et logique.

La comparaison est symbolique: le terme «bienfait» en vietnamien est constitué de «ơn / bienfait» et «nghĩa / loyauté» qui reflètent le sens de «gratitude». Les deux images sont intéressantes car le «bienfait» est comparé à «une assiette» tandis que «la loyauté» à «une mouche», c'est-à-dire «aux choses insignifiantes». Cette image reflète entièrement le proverbe français: lorsqu'on dit un bienfait vieillit plus vite que toute autre chose, cela veut dire que le bienfait disparaît vite. La durée de vie du «bienfait» ne dure qu'un instant, comparée aux deux choses insignifiantes.

En portugais, le proverbe concerne «o dia de graça /le jour de grâce, de bienfait» qui équivaut à «a véspera da ingratitude / la veille de l'ingratitude»: il signifie que le jour du bienfait est vite oublié à l'inverse de l'ingratitude. La forme verbale «é», verbe copule (ser) est explicite. «O dia de graça» é o (le pronom qui substitue «dia» da véspera da ingratidão»: le jour du bienfait est la veille du jour de l'ingratitude; l'ingratitude se mesure ou est évaluée comme «le lendemain» de l'ingratitude. Nous pouvons le paraphraser: «Le jour du bienfait précède le jour de l'ingratitude»; et en portugais: «O dia de ingratidão é o dia seguinte da graça. / Le jour de l'ingratitude est le lendemain du bienfait». Le mot que nous devons retenir est le mot «dia & véspera /jour & veille» pour souligner l'espace de temps trop rapide entre le bienfait et l'ingratitude. Comme le définit le dictionnaire portugais à propos de mot «véspera», dans son troisième sens: «Momento ou tempo que precede determinado acontecimento»[13].

Comme l'explique cette observation: «É mais fácil esquecer um favor do que uma ofensa». En français, Lamaison (2000) le souligne: Bienfait tôt s'oublie, mauvais coup reste grave.

Le proverbe français et ses équivalents portugais et vietnamiens se rejoignent, du point de vue du concept. Seules les images diffèrent.

3.2.4. Correspondance conceptuelle, correspondance partielle

On peut conclure que le proverbe en français, en portugais et en vietnamien possède le même concept, néanmoins de type de correspondance ou concordance partielle.

---

[13] Academia de Línguas das Ciências de Lisboa. Dicionário da Língua Portuguesa. II Volume G-Z. 2001. Verbo. Academia das Ciências de Lisboa e da Fundação Calouste Gulbenkian.

La concordance est dite partielle dans le cas des proverbes exprimant le même contenu conceptuel et avec la même image, mais sous une formulation différente, c'est-à-dire avec une structure différente. (Zouogbo, 2009: 277)

Le concept vietnamien est le support de l'expérience humaine. Le lexico-sémantique commun est:

La jeunesse / savait / la vieillesse / pouvait

O moço / por não saber / o velho / por não poder

Khôn trẻ khỏe già. (Vn)

Khôn / trẻ / khỏe / già

Intelligent / jeune / santé / vieux

Intelligents comme les jeunes, forts comme les vieux. (TL)

En français et en portugais, le lexico-sémantique est le même avec l'utilisation des deux procès: savoir et pouvoir. Seule la voix diffère: la forme affirmative en français et la forme négative en portugais. En revanche, en vietnamien, les termes «khôn» et «khỏe» sont choisis selon le son «kh [χ]» pour la mélodie du proverbe. Le rapprochement sémantique entre «savoir (affirmatif)/não saber (négatif)» et «khôn» et «khỏe» est significatif et logique.

3.2.5. En guise de conclusion

Le proverbe français étudié et ses correspondances portugaise et vietnamienne sont intéressants à observer: d'abord, c'est le caractère universel du proverbe, que ce soit dans les pays de langues romanes aussi bien qu'en Asie, une langue austro-asiatique. Ce sont les éléments linguistiques qui changent: la morphosyntaxe, le lexico-sémantique, le concept et la culture. Ils ont tous en commun leur morphologie proverbiale: court, mélodieux, rimé, rythmé, le jeu de mots, etc.

3.3. L'expression idiomatique: l'équivalent conceptuel

En vietnamien, il existe quelques expressions idiomatiques qui possèdent des termes qui expriment les éléments sur «le vieillissement». Pour cela, nous allons relever les équivalents français (ou portugais si possible) en vietnamien.

Voici la définition de l'expression idiomatique ou figée:

Une expression idiomatique est une locution dont le sens ne peut se lire ou se déduire de la simple addition des mots qui la constituent. Elle est tellement propre à une langue qu'il sera donc difficile, sinon impossible, de la traduire telle quelle, à l'identique. Et c'est parfois, tant mieux. (Porée, 2015: 70).

Le choix des expressions idiomatiques française et vietnamienne est intéressant car nous repérons le terme «vieux/cũ».

(6) Filer le parfait amour. (F)

Vivre un amour parfait, sans ombre, sans histoire (Lamaison, 2000).

Yêu nhau đến đầu bạc răng long. (Vn)

Yêu / nhau / đến / đầu / bạc / răng / long.

Aimer / ensemble / jusque / tête / argenté / dents / déchaussées

S'aimer jusqu'aux cheveux blancs, jusqu'aux dents qui bougent-déchaussées.

En français, le verbe «filer» dans cette expression idiomatique et familière signifie: «se donner réciproquement des témoignages constants d'un amour partagé» (Petit Robert 1, 1989). C'est une expression du XIXe siècle utilisée dans le langage courant. Le verbe «filer» est «vivre» dans ce cas. Le parallélisme sémantique entre le procès «filer» et «le fait de s'aimer» exprime le travail du fil - un processus qui dure longtemps – pour obtenir de la laine, du textile, comme pour vivre le parfait amour, selon notre interprétation.

Différente de l'expression française, l'expression vietnamienne utilise le terme «bạc đầu răng long» qui se traduit par «cheveux d'argent - cheveux blancs / dents qui bougent/ déchaussées (causées par l'âge)». Le fait de s'aimer jusqu'à l'âge de «cheveux blancs, de dents déchaussées» veut dire «s'aimer longtemps» jusqu'à la vieillesse, c'est-à-dire «Lorsqu'on s'aime, le temps ne compte pas». Cette expression «yêu nhau / aimer réciproquement /s'aimer» joue le rôle du procès.

Du point de vue de la syntaxe dans les deux langues, la forme verbale est à l'infinitif.

Le lexique vietnamien n'utilise pas les termes «vieux» et/ou les mots de la même famille, mais les mots qui décrivent la vieillesse «đầu bạc, răng long / cheveux blancs, dents déchaussées».

Dans l'exemple suivant (7), l'expression idiomatique vietnamienne est intéressante à étudier due à la présence des termes «trẻ - già /jeune – vieux».

En premier lieu, l'expression idiomatique française utilise la locution infinitive; «être entre deux âges» signifie «être ni jeune, ni vieux».

(7) Être entre deux âges. (F)

Être / entre / deux / âges

Ở / giữa / hai / độ tuổi.

Ni jeune, ni vieux.

Trẻ chưa qua, già chưa tới. (Vn)

Trẻ / chưa / qua / già / chưa / tới.

Jeune / pas encore / passer / vieux / pas encore / arriver

La jeunesse n'est pas encore passée, la vieillesse n'est pas encore arrivée.

Les mots «jeune, vieux» sont absents du proverbe français. Toutefois, le mot «âge» y figure en plus de l'expression verbale: «être entre deux âges» indique les deux tranches d'âge: ni jeune, ni vieux.

(8) Faire l'âne pour avoir du son (du charbon). (Trần, 2010)

Jouer le naïf pour obtenir ce que l'on veut / faire l'imbécile pour obtenir de l'information.

Ngây thơ cụ. (Vn) (Trần, 2010)

Ngây thơ / cụ.

Innocent / vieux – âgé

Tính giả vờ ngây thơ của các cụ già. (Vn)

Les vieux font semblant d'être innocents.

Giả dạy giả ngay[14]. (Vn) V1, (Vu et al. 2000)

Giả / dạy / giả / ngay

Prétendre / stupide / prétendre / innocent

Prétendre être stupide, prétendre être innocent.

En français, la locution verbale (8) en français se décompose en deux propositions: faire l'âne / pour avoir du son. La première proposition est la principale, la cause, et la deuxième, la proposition subordonnée infinitive, la conséquence. L'emploi de l'infinitif ne s'adresse à personne en particulier, d'où la forme impersonnelle. «L'âne» est le symbole de la stupidité. L'âne mange le son. L'image ou le concept se réfère à une personne qui souhaiterait avoir ce qu'elle veut, alors elle fait semblant d'être stupide. L'expression idiomatique utilise le support bestiaire.

En vietnamien, l'expression repose sur l'expérience de la vie: les termes «ngây thơ / naïf» et «cụ/vieux» sont opposés et jouent le rôle d'un adjectif. La juxtaposition de ceux-ci exprime une personne expérimentée (vieillard) qui prétend être «naïf». La conséquence n'est pas exprimée mais on le comprend. Sa variante ne possède pas de terme «vieillard» mais décrit la naïveté ou l'innocence simplement et elle est aussi elliptique. Le sens est bien l'équivalent de la locution verbale française.

4. Comment conclure l'équivalence des proverbes multilingues, occidentaux *vs* orientaux

Nous arrivons au terme de l'étude morphosyntaxique et lexico-sémantique exprimée dans le proverbe et dans l'expression idiomatique en français, et ses équivalents portugais et vietnamien dans laquelle nous étudions le terme «vieillissement» - mot clé – et ses dérivés.

Cette étude a permis d'enrichir largement notre univers, dans la découverte linguistique et culturelle des trois langues, langues romanes et langue austroasiatique: langues flexionnelles *vs* langue isolante.

Comme en témoignent les exemples étudiés, la langue est indissociable de la culture: elle possède sa valeur particulière au sein de la langue parlée et écrite. Les

[14] Giả vờ ngờ nghệch, ngây dại, che giấu bản chất thật để công việc được trót lọt. Prétendre être stupide, naïf, cachant sa vraie nature pour que les choses soient résolues avec succès. (Notre propre traduction.)

proverbes et les expressions idiomatiques sont «le reflet de l'identité des comportements humains malgré les différences de cultures (Trần, 2010: 9)».

Voici les deux tableaux de synthèse qui résument notre étude. Mise à part l'analyse linguistique, il n'y a pas que le terme «vieillesse ou vieillissement» qui entre en jeu dans la phraséologie. En effet, pour mettre en contraste l'utilisation des mots qui expriment «le vieillissement», sont employés d'autres mots tels que «la jeunesse / o moço/ trẻ», ses antonymes; elle implique l'inexpérience, l'absence de savoir dans le comportement quotidien de la vie. L'inverse se produit aussi: l'expérience de la vie chez les personnes âgées peut engendrer une connotation négative pour obtenir des avantages tels que les exemples étudiés l'expriment (faire l'âne pour avoir du son. / Ngây thơ cụ (un simulacre de naïveté / innocence chez les personnes âgées).

Les dérivés de «vieillissement» ont leurs synonymes, notamment pour décrire les objets qui «vieillissent» avec le temps, mais qui possèdent des qualités.

En bref, le thème du vieillissement est enrichi par le jeu de mots, le procédé linguistique - lexico-sémantique et morphosyntaxique, la tournure des phrases, les métaphores, la rhétorique, et bien sûr par les différentes techniques littéraires et/ou poétiques (rimes, rythmes, les tons vietnamiens).

Tableau 1: Proverbes: «le vieillissement» et ses dérivés français, portugais et vietnamien.

Proverbes français	Proverbes équivalents portugais	Proverbes équivalents vietnamiens
(1) Dans les vieux pots, les bonnes soupes. Vieux pots ≠ bonne soupe (métaphore) C'est dans les vieux pots qu'on fait la meilleure soupe. Vieux pots ≠ meilleure soupe	(1) Coco velho é que dá azeite. (Coco) velho ≠ azeite Velha (gamela) ≠ boa sopa Galinha velha (é que) dá bom caldo. (Galinha) velha ≠ bom caldo (métaphore)	(1) Càng già, càng dẻo, càng dai. già, (dẻo, dai) = vieux (flexible, tenace) (non- métaphore)

(2) Si jeunesse savait, si vieillesse pouvait. Si / si La jeunesse ≠ la vieillesse Savoir ≠ pouvoir (non-métaphore)	(2) O moço, por não saber, o velho, por não poder. O moço ≠ o velho Não saber ≠ não poder (non-métaphore)	(2) Khôn đâu đến trẻ, khỏe đâu đến già. Intelligent / fort Đâu / Inexistant (négation) Trẻ ≠ già = jeune ≠ vieux (non-métaphore)

<u>Tableau 2</u>: Expressions idiomatiques.

Expressions idiomatiques français	**Expressions idiomatiques Équivalentes vietnamiennes**
(3) Filer le parfait amour. Le parfait amour. (l'amour sans embûche – durée) (Non-métaphore)	Yêu nhau đến đầu bạc, răng long. (cheveux blancs) = s'aimer jusqu'aux cheveux blancs, aux dents déchaussées (Métaphore)
(4) Être entre deux âges. Deux (jeune / vieux) âges. (Non-métaphore)	Trẻ chưa qua, già chưa tới. Trẻ ≠ già jeune ≠ vieux (la jeunesse) ne pas passer encore, (la vieillesse) ne pas encore arriver. La jeunesse n'est pas encore passée, la vieillesse n'est pas encore arrivée. (Non-métaphore)

(5) Faire l'âne pour avoir du son. L'âne / le son (Métaphore)	Ngay thơ (naïveté-innocene) ≠ cụ (personne très âgée). (Non-métaphore)

À travers ces deux tableaux, nous empruntons la citation ci-dessous pour conclure notre analyse: «C'est la langue [la linguistique, les faits de langue[15]] en tant que fait social et culturel qui rend compte de la vision du monde, transmet et perpétue la culture, puis éclaire les rapports entre différentes cultures (Zouogbo, 2009: 16)».

Références bibliographiques

Academia das Ciências de Lisboa e da Fundação Calouste Gulbenkian. 2001. *Nova Gramática do Português Contemporânea da Academia das Ciências de Lisboa. I Volume, A-F, I Volume, A-F.* Lisboa: Verbo.

Academia das Ciências de Lisboa e da Fundação Calouste Gulbenkian. 2001. *Nova Gramática do Português Contemporânea da Academia das Ciências de Lisboa. I Volume, A-F, II Volume, G-Z.* Lisboa:Verbo.

Chacoto, L. 2009. Traductologie, proverbes et figements. Préface de Michel Ballard. *La Celestina* de Fernando de Rojas *et la traduction portugaise des proverbes.* 71-80.

Cortes de Lacerda, R., Cortes de Lacerda, H. da., Santos Abreu, E. 2000. *Dicionário de provérbios. Francês Português Inglês. Provérbios franceses definidos por Didier Lamaison.* Lisboa: Contexto.

Cunha, C., & Cintra, C. 1984. *Nova Gramática do Português contemporaneo.* Lisboa: Edições João Sá da Costa.

Ducrot, J. & Todorov, T. 1972. *Dictionnaire encyclopédique des sciences du langage.* Paris: Éditions du Seuil.

García Yelo, M. 2009. Sources parémiologiques françaises et espagnoles face à la traduction. *Traductologie, proverbes et figements. Préface Michel Ballard.* Paris: L'Harmattan, 81-98.

[15] Notre rajout.

Grevisse, M. 1993. *Le bon usage. Grammaire française, refondue par André Goosse.* Paris – Louvain-La-Neuve DUCULOT (13ème Édition Revue).

Hoàng, P., Vien Ngon Ngu Hoc (Institut de Linguistique). 1994. *Trung Tâm Tự Điển Học (Centre d'Études de Dictionnaires).* Ha Noi: Nhà Xuất Bản Khoa Học Xã Hội (Maison d'études scientifiques et sociales).

Kleiber, G. 2017. https://journals.openedition.org/scolia/400. La figure d'un proverbe n'est pas toujours celle d'une métaphore. *Scolia. Revue linguistique. Le proverbe. Forme, sens et rythme,* 39-77.

Le Guern, M. 2008. https://facdeslangues.univ-lyon3.fr/metaphore-et-perception-approches-linguistiques-litteraires-et-philosophiques. Sur la métaphore comme déplacement. *Métaphore et perception. Approches linguistiques, littéraires et philosophiques,* 13-18.

Lo-Cicero, M.-H. 2016. La sémantique et la pragmatique du proverbe et de l'expression figée Portugais ↔ Français dans l'œuvre de Saramago «Ensaio sobre a cegueira L'Aveuglement / Blindness.» *Meaning in Translation. Illusion of Precision.* Cambridge: Cambridge Scholars Publishing. Edited by Larisa Ilynska and Marina Planonova 419-433.

Neveu, F. 2004. *Dictionnaire des sciences du langage.* Paris: Armand Colin.

Porée, M.-D. 2015. *Les expressions françaises pour les nuls.* Paris: Éditions First, un département d'Édi8.

Quitout, M. & Muños, S. (éd.). 2009. *Traductologie, proverbes et figements. Préface Michel Ballard.* Paris: L'Harmattan.

Riegel, M., & Pellat, J.-C., Rioul, R. (2016). *Grammaire méthodique du français.* Quadridge Manuels, 6ème Édition Mise à jour 2016. Paris: PUF.

Robert, P. 1989. *Le Petit Robert 1. Dictionnaire de la langue française.* Rédaction dirigée par A. Rey et Rey-Debove. Paris: Le Robert.

Tessier, P. 1984. *Manuel de langue portugaise, Portugal – Brésil.* Langres: Éditions Klincksieck.

Trần, N. T. 2021. *Discovering the Identity of Vietnamese Culture*. Translation and Editing by Marc Young, Võ Thị Minh Hà, Lê Xuân Hy, Phạm Thị Tuấn Lan. Hà Nội: Thế Giới Publishers.

Trần, H. 2010. *Proverbes, dictons, locutions usuels en français et en vietnamien*. Paris: L'Harmattan.

Vũ, D. 2002. *Từ điển Thành Ngữ Tục Ngữ Việt Nam (Dictionnaire de proverbes vietnamiens*. Hà Nội: Nhà Xuất Bản Văn Hóa – Thông Tin (Maison d'Édition Culturelle et d'Information.

Zouogbo C. J.-P. 2009. *Le proverbe entre langues et cultures. Une étude de linguistique confrontative allemand/français/bété*. Préfaces de Gertrud Gréciano et Annlies Häcki-Buhofer. Bern – Berlin – Bruxelles – Frankfurt am Main – New York – Oxford – Wien: Peter Lang.

Le proverbe canonique vietnamien ↔ français:

Équivalence et interprétation

Résumé

Entre le vietnamien et le français, le proverbe est difficilement comparable, du fait de leur origine linguistico-culturelle: flexionnelle et isolante.

(1) Nước đổ đầu vịt. (Vn)

Nước / đổ / đầu / vịt

Eau / verser / tête / canard

Verser de l'eau sur la tête d'un canard.

(2) Nước đổ lá khoai. (Vn) V2

Nước / đổ / lá khoai

Eau / verser / feuille de taro des Indes

Verser de l'eau sur une feuille de taro des Indes.

(3) Đàn gẩy, tai trâu. (Vn) V3

Đàn / gẩy / tai / trâu.

Instrument (de musique) / jouer / oreille / buffle

Jouer de la musique à l'oreille d'un buffle.

(4) À laver la tête d'un âne, on perd la lessive. (F)

Ce proverbe vietnamien et français signifie «Les défauts naturels ne se corrigent pas (Lamaison, 2000)», ou «On se donne inutilement beaucoup de peine pour faire comprendre à un homme quelque chose qui passe par sa portée, ou pour corriger un homme incorrigible[16]». L'utilisation de la métaphore du français et du vietnamien est originale et distincte. Le concept reste le même. Le rapport d'analogie entre le sens propre et le sens figuré d'une langue donnée, et le rapport bilingue d'analogie représentent des processus linguistiques complexes qui aboutissent à un même objectif: transmettre un même message.

Le proverbe vietnamien et ses variantes décrivent le phénomène naturel, au sens propre, sans mentionner l'effet; ils sont elliptiques: verser de l'eau sur la tête d'un canard (1); (TL) verser de l'eau sur une feuille de taro des Indes (2); (TL) jouer un instrument de musique à l'oreille d'un buffle (3).

En vietnamien, il existe trois variantes proverbiales, qui recourent au support du canard, de la feuille de taro des Indes, et du buffle. C'est le phénomène naturel de l'eau qui glisse sur la tête de canard ou sur la feuille de taro (1, 2); jouer de la musique à un buffle est inutile (3). Les trois proverbes ont un point commun: l'ellipse de la conséquence. Ainsi, «verser de l'eau sur la tête d'un canard, sur une feuille de taro, jouer de la musique à un buffle» sont les éléments de cause» tandis que les éléments de conséquence ne sont pas formulés; ils sont elliptiques.

Le proverbe français utilise le support de l'âne (4); il utilise, au sens propre, l'image de la tête de l'âne et la lessive: lorsqu'on lave la tête de l'âne (cause), on perd la lessive (conséquence), le phénomène de cause à effet. Le proverbe est complet. On peut le décomposer ainsi: «À laver la tête d'un âne: proposition infinitive dans laquelle «à laver» est le procès principal, et elle exprime la cause. On peut le paraphraser: Quand on lave la tête d'un âne, on perd la lessive.

Les métaphores varient d'une langue/culture à l'autre. Exploiter les ressources du lexique et de la morphosyntaxe ne suffit pas car elles perdent tout lien sémantique avec le sens initial des mots qui les composent, que ce soit en français ou en vietnamien, du sens propre au sens figuré.

La traduction littérale du proverbe vietnamien en français pose la stratégie fondamentale de notre étude.

L'analyse linguistique du proverbe canonique français ↔ vietnamien, *via* son équivalence et son interprétation, permet de comprendre l'expression proverbiale de chaque langue/culture, symbole de l'identité d'un pays.

---

[16] https://www.google.com/search?client=firefox-b-d&q=%C3%A0+laver+la+t%C3%AAte+d%27un+%C3%A2ne+on+perd+sa+lessive, consulté en janvier 2024.

Mots-clés: analyse – métaphore – traduction littérale – équivalence – interprétation

1. Le proverbe, un micro-genre spécifique

Le proverbe canonique vietnamien et sa correspondance française, hors contexte, représentent le corpus d'analyse de base; ils reflètent une culture, orientale *vs* occidentale. Nous aimerions partager cette biculture dans la description linguistique et culturelle.

- Le proverbe (et autres formes sentencieuses) est le reflet de la sagesse populaire, i.e. renferme une vérité universelle d'origine ancestrale et expérimentale.

- Il est bref, et souvent métaphorique.

- Il est de création orale spontanée, ce qui explique qu'il soit souvent vulgaire.

- Il se transmet fidèlement de génération en génération ('le legs de nos ancêtres'), [...].

- Les proverbes sont des expressions figées.

- Ils sont souvent bimembres (Anscombre, 2017:45).

Comme l'explique Anscombre, le proverbe englobe également une culture. La comparaison proverbiale vietnamo-française illustre plusieurs éléments linguistiques comparés enrichissants.

Entre le français et le vietnamien, le proverbe est laborieusement comparable, du fait de leur origine linguistico-culturelle: flexionnelle *vs* isolante.

(1) Nước đổ đầu vịt. (Vn)

Nước / đổ / đầu / vịt.

Eau / verser / tête / canard

Verser de l'eau sur la tête d'un canard.

(2) Nước đổ lá khoai. (Vn) V1

Nước đổ lá khoai.

Eau / verser / feuille de taro des Indes

Verser de l'eau sur une feuille de taro des Indes.

(3) Đàn gẩy, tai trâu. (Vn) V2

Đàn / gẩy / tai / trâu

Instrument (de musique) / jouer / oreille / buffle

Jouer de la musique à l'oreille d'un buffle.

(4) À laver la tête d'un âne, on perd la lessive. (F)

Ce proverbe en vietnamien et en français signifie «Les défauts naturels ne se corrigent pas (Lamaison, 2000)» ou «On se donne inutilement beaucoup de peine pour faire comprendre à un homme quelque chose qui passe sa portée, ou pour corriger un homme incorrigible[17].

Le proverbe vietnamien et ses variantes décrivent le phénomène naturel, au sens propre, sans mentionner l'effet; il est elliptique: verser l'eau, tête canard (traduction littérale: TL); jouer musique, oreille buffle. (TL)

Ces variantes proverbiales vietnamiennes recourent au support «canard, feuille de taro des Indes, buffle». C'est le phénomène naturel de l'eau, qui glisse sur la tête de canard ou sur la feuille de taro (a, b); jouer de la musique pour un buffle est inutile (3). «Verser de l'eau sur la tête d'un canard, sur une feuille de taro, jouer de la musique à un buffle» sont les éléments de cause», tandis que les éléments de conséquence ne sont pas formulés; ils sont elliptiques.

Le proverbe français (4), en revanche, utilise le support de «l'âne»; il emploie, au sens figuré, l'image de la tête de l'âne et la/sa lessive (4): lorsqu'on lave la tête de l'âne (cause), on perd la lessive (conséquence), phénomène de cause à effet. La version proverbiale française est complète. On décompose le proverbe ainsi: «À laver la tête d'un âne: proposition infinitive dans laquelle «à laver» est le procès principal et elle exprime la cause ; «on perd» est le procès de la conséquence. On peut le paraphraser: quand on lave la tête d'un âne, on perd la lessive.

L'utilisation de la métaphore du français et du vietnamien est originale et distincte. Le concept reste le même. Le rapport d'analogie entre le sens propre et le sens figuré d'une langue donnée, et le lien entre le vietnamien et français d'analogie

[17] Ibid. https://www.google.com/search?client=firefox-b-d&q=%C3%A0+laver+la+t%C3%AAte+d%27un+%C3%A2ne+on+perd+sa+lessive, consulté en janvier 2024.

représentent les processus linguistiques complexes qui aboutissent à un même objectif: transmettre un même message.

Les images exprimées dans le proverbe d'un pays «sont le reflet de l'identité des comportements humains malgré les différences de cultures» (Trần, in Avant-propos, 2010).

L'avis de Jamet (2008, Avant-propos: 12) souligne également l'aspect contrastif entre les langues:

> Ces regards croisés ne font que confirmer le lien étroit qui existe entre métaphore et perception, et surtout le rôle primordial joué par le processus métaphorique dans la perception du réel, mais aussi comment la perception du réel influe quotidiennement, le plus souvent de façon inconsciente, sur nos créations métaphoriques.

Les métaphores, au sens propre et/ou au sens figuré, varient d'une langue/culture à l'autre. Exploiter les ressources du lexique et de la morphosyntaxe ne suffit pas car elles perdent tout lien sémantique avec le sens initial des mots qui les composent, que ce soit en français, ou en vietnamien, du sens propre au sens figuré.

La stratégie fondamentale de notre étude se base sur la traduction littérale du proverbe vietnamien en français.

L'opération de la traduction, lorsqu'on parle du proverbe, n'est pas une fin en soi. Ce n'est que par son équivalent ou son correspondant qu'on saisit mieux le sens du proverbe. De plus, le code culturel, par exemple à travers des images parémiales, reflète les traits spécifiques de chaque pays.

L'analyse linguistique et culturelle du proverbe canonique français ↔ vietnamien, *via* son équivalence et son interprétation, permet de comprendre l'expression proverbiale de chaque langue/culture, symbole de l'identité d'un pays.

Le statut particulier du proverbe relève de «la dénomination d'un type très spécial» (Kleiber, 1999: 53): cela signifie que la dénomination dans ces proverbes se réfère à l'association stable d'une forme et d'un sens. C'est ce que Kleiber souligne, dans le même sens, «que proverbes et dictons» héritent par le fait de la dénomination d'un surplus de sens qui réside dans l'appréhension de la prédication sentencieuse comme un fait non asserté, mais préconstruit ou présupposé (2019: 111). En effet:

Le statut de dénomination phrastique des proverbes permet d'expliquer directement pourquoi il passe pour être des phrases-dénominations que la prédication exprimée ne peut être portée au crédit d'un particulier. Cette prédication fait partie du code linguistique commun et, en tant que telle, est une unité dont l'existence n'a plus à être postulée. Elle s'impose à tout locuteur comme toutes les autres dénominations. [...] De même que le sens d'une unité lexicale est un sens «collectif», de même que le contenu, c'est-à-dire la prédication ou le jugement d'un proverbe est «collectif» et non une affaire de particulier. Le caractère de *vox populi* des proverbes n'est donc qu'une conséquence de leur caractère de dénominations phrastiques (1999: 65).

Cette caractéristique clé appartient au proverbe. Et cela va légitimer aisément cette spécificité des proverbes d'une langue à l'autre: du proverbe vietnamien au proverbe français à travers langues et cultures, dont le code linguistique et culturel. Les quatre exemples l'illustrent.

En guise de conclusion, le sens proverbial vietnamien, aussi bien que le sens proverbial français possèdent leur statut spécifique se trouvant être des prédications du code linguistique commun ou universel selon chaque pays/culture.

Quatre aspects sont exposés dans cette étude: 1. Le proverbe, un micro-genre spécifique. 2. Quelques mots sur l'origine distincte du vietnamien. 3. Étude contrastive proverbiale canonique. 4. Procédés métaphoriques contrastifs proverbiaux complexes.

2. L'origine distincte du vietnamien et du français

Le vietnamien et le français ont en commun uniquement l'écriture alphabétique. Et pour cause: le missionnaire français avignonnais Alexandre de Rhodes avait beaucoup contribué à la romanisation de l'écriture Quốc Ngữ, sans oublier le rôle fondamental du missionnaire portugais Francisco de Pina, au 17e siècle.

Afin de comprendre le thème principal, présenter dans les grandes lignes quelques particularités de la langue vietnamienne.

Le français et le vietnamien ont des structures morphosyntaxiques totalement opposées. Ce qui rend notre analyse plus riche. Cela tient aux origines très différentes de celles-ci: l'une est indo-européenne, flexionnelle, et l'autre, de la même famille que le chinois, dont elle a subi en outre, pour des raisons historiques, d'importantes influences. C'est une langue isolante.

Le vietnamien se caractérise par une extrême simplicité de ses agencements grammaticaux, si on la compare au français, langue à morphologie flexionnelle. Il ne possède pas de morphologie. Tous les mots sont invariables. Nous pouvons synthétiser les traits essentiels du vietnamien dans le tableau ci-dessous[18]:

Tableau 1: La langue vietnamienne: description essentielle.

Traits essentiels de la langue vietnamienne, isolantr	
Les noms Les adjectifs Les verbes	Invariables en genre et en nombre
Les verbes	Invariables en personne Pas de marqueurs de temps verbaux «présent, passé, futur»
La lexicalisation est un autre précédé pour « compenser ces manques grammaticaux ».	Additionner des termes accessoires (préverbes, postverbes, classificateurs, etc. avant ou après l'élément principal)
La phrase simple	est constituée de / d': - un syntagme nominal; - le nom est modifié par «les modifiants nominaux -numéral, classificateur, démonstratif»; - le verbe a des modifiants spécifiques: le temps, l'aspect, le mode = préverbes et postverbes: le noyau est

[18] Dung Dô et Thanh Thuy Lê, *Le vietnamien sans peine, Assimil, Méthode quotidienne,* France, 1994, in Introduction, et Phu Phong Nguyen, *Le vietnamien fondamental,* Klinksieck, Paris, 1992, pp. 119,120), cité par Minh Ha Lo-Cicero, *Référence discursive dans les langues romanes et slaves,* Lublin, 2002, p. 179, in: *Traduction des Fables de la Fontaine: problèmes de cohérence et de cohésion textuelles.*

	un verbe entouré de modifiants verbaux et des noms compléments.

L'absence de morphologie du vietnamien, langue définie comme «isolante», va déterminer et commander d'autres particularités grammaticales. Aussi l'ordre des mots et les mots auto sémantiques doivent constituer l'équivalent des structures syntaxiques du français pour exprimer les divers phénomènes grammaticaux.

Une des caractéristiques de la langue vietnamienne est également l'usage des six tons. Le proverbe peut être court: un seul vers de quatre mots en général. Il peut être constitué de deux vers. Mais, nous nous intéressons plus aux proverbes de quatre mots qui sont toujours revêtus de l'un de six tons. Aussi, en citant un proverbe, il est toujours mélodieux grâce à ces tons. C'est comme si c'était un vers chantant. Comme le décrit l'écrivain Hữu Ngọc (2006: 945):

> La poésie vietnamienne est sœur jumelle de la musique tant la langue est naturellement musicale. [...]. La mélodie des chants doit suivre de près l'intonation linguistique. C'est dire que la diction des vers en vietnamien ne ressemble pas à celle des vers en langues occidentales, elle est plus nuancée et plus musicale, et fait l'effet d'une incantation.

Aussi, comparer le proverbe entre deux langues aux antipodes est-il fructueux pour découvrir les points linguistiques et culturels, occidentaux *vs* orientaux.

3. Étude contrastive de construction de sens selon le concept vietnamien ↔ français

3.1. Analyse lexico-sémantique et morphosyntaxique

L'expression proverbiale se réalisé, dans la plupart des cas, *via* les expressions idiomatiques. Chaque pays / culture a ses propres expressions figées ou idiomatiques selon sa vision spécifique du monde. Reprenons les cas ci-dessus:

(1) Nước đổ đầu vịt. (Vn)

Nước / đổ /đầu / vịt

Eau / verser / tête / canard

Verser de l'eau sur la tête d'un canard.

(2) Nước đổ lá khoai. (Vn) V1

Nước / đổ / lá khoai.

Eau / verser / feuille de taro des Indes

Verser de l'eau sur une feuille de taro des Indes.

(3) Đàn gẩy, tai trâu. (Vn) V2

Đàn / gẩy / tai / trâu

Instrument (de musique) / jouer / oreille / buffle

Jouer de la musique à un buffle.

(4) À laver la tête d'un âne, on perd la lessive. (Vn)

En vietnamien comme en français, le proverbe est «bimembre» ou «binôme» (qui fonctionne en deux temps), constitué de deux parties.

Le proverbe vietnamien utilise une autre image (1): verser de l'eau à la tête d'un canard. L'élément de «la tête de canard» et «de l'eau» suggère le même concept que «laver la tête d'un âne» avec « de la lessive»: le fait «de laver la tête de l'âne» et «verser de l'eau sur la tête d'un canard» suggère deux phénomènes différents, mais d'une même interprétation sémantique: «l'entêtement de l'âne» et «l'étanchéité des plumes du canard» visent le sens «C'est peine perdue de vouloir instruire une personne stupide (Dournon, 1986)».

La deuxième variante vietnamienne du proverbe vietnamien (3), «nước đổ lá môn» (eau / verser / feuille de taro) décrit aussi le même concept que le proverbe français. La feuille de taro est étanche à l'eau.

(3) Đàn gẩy[19] / tai trâu. (Vn) V2

Guitare jouer / oreille / buffle

[19] Les mots soulignés représentent les procès dans la phrase proverbiale.

Enfin, «jouer de la musique» à «un buffle» s'avère inefficace car il ne sait pas l'apprécier. Ce proverbe vietnamien provient d'une légende[20] qui a le même titre.

Dans le proverbe français, «À laver la tête d'un âne» est la cause, tandis que «on perd la lessive» est la conséquence. L'effet humoristique dans ce proverbe: l'action de laver la tête d'un âne avec de la lessive: le résultat est sans effet. La mise en parallèle du terme «la tête d'un âne» et «la lessive» est la métaphore amusante et veut dire: «Les défauts naturels ne se corrigent pas» (Lamaison, 2000). Pourquoi la tête d'un âne? Un âne est très têtu, rien ne lui fait changer d'avis, même avec une carotte; d'ailleurs, il y a l'expression idiomatique «Têtu comme un âne. Tête de mule». «Cet animal symbolise la stupidité et l'entêtement (il partage cette dernière réputation avec le mulet), dans la tradition gréco-latine (Rey, Chantreau, 2002: 22).

La construction du sens se réalise à travers les mots qui suscitent un concept:

Les deux énoncés «laver la tête» et «perdre la lessive» constituent une notion, un concept: si on lave la tête d'un âne, on perdra la lessive. Cette image s'applique à la vie courante. L'âne est connu pour un animal têtu et stupide. Alors, l'élément de «la lessive», un produit efficace pour «laver la tête de l'âne» s'avère inutile. Le proverbe français a une pointe d'humour grâce à l'élément «la lessive».

Le proverbe français emploie une phrase complexe: «À laver la tête d'un âne», (proposition infinitive, condition et/ou cause), «on perd la lessive» (proposition principale, conséquence). Il est au sens figuré; comme l'âne est connu pour son entêtement, «laver sa tête» est en réalité «enlever» son entêtement.

Le lexico-sémantique, en vietnamien ou en français, est choisi par le biais des mots dans un contexte parémial précis et dans le sens métaphorique, et non dans le sens propre comme le montrent les proverbes et ils décrivent le concept: a/mouiller la tête d'un canard ou d'une feuille de taro; b/ jouer de la musique à un buffle.

La constitution des mots pour construire la métaphore dans le proverbe est caractéristique. Les mots en eux-mêmes déterminent le sens proverbial.

En vietnamien, la morphosyntaxe est simple. La juxtaposition «ordonnée» des mots vietnamiens suffit pour construire le sens ou le concept d'un proverbe, contrairement au français. Cependant, l'assemblage des mots ne se fait pas au hasard: il y a un certain ordre sémantico-syntaxique selon la construction du sens.

[20] https://www.dkn.tv/nghe-thuat/su-tich-dan-gay-tai-trau-chung-ta-da-bao-gio-ban-tang-mot-thu-vo-cung-quy-gia-cho-nguoi-khong-he-biet-gia-tri-cua-no.html. (26 janvier 2020).

(1) Nước **đổ** đầu vịt. (Vn)

Nước / đổ / đầu / vịt.

eau / verser / tête / canard

Verser de l'eau sur la tête d'un canard.

(2) Nước **đổ** lá khoai. (Vn) V1

Nước / <u>đổ</u> / lá khoai.

eau / verser / feuille de taro

Verser de l'eau sur une feuille de taro.

(3) Đàn **<u>gẩy</u>** tai trâu. (Vn)V2

Đàn / gẩy / tai / trâu

Instrument (de musique) / jouer / oreille / buffle

La syntaxe vietnamienne explique que le groupe syntaxique se réalise selon le sens construit. Ainsi, on peut analyser, de la manière suivante, les éléments linguistiques:

(1) Nước **<u>đổ</u>** đầu vịt. (Vn)

Eau / verser / tête / canard

(1') **Đổ** nước / đầu vịt. (Vn)

verser / eau / canard / tête

Dans (1), «verser eau» ou «eau versée», le fait d'inverser ces éléments, la compréhension se fait aisément car le mot «đổ / verser» joue le rôle de procès[21], tandis que l'élément «nước / eau» joue, dans ce cas, le rôle du complément d'objet. Dans ce cas, «đổ / verser» est le noyau du groupe verbal; il peut être traduit, soit par l'infinitif «verser», soit par le participe passé pris adjectivement «versée»: ce qui légitime l'ordre des deux termes: đổ nước / verser (infinitif); nước đổ /eau versée (participe passé); dans

[21] 1. On dit d'un verbe qu'il indique *un procès* quand il exprime une «action» réalisée par le sujet de la phrase (Pierre court, Pierre lit un livre, Pierre mange, etc., que le verbe soit transitif ou intransitif, par opposition aux verbes qui indiquent un «état», comme les intransitifs «*être, ressembler, paraître*, etc., ou les transitifs qui indiquent le résultat d'un procès. [...]. (Dictionnaire de Linguistique, Larousse, 1973).

le second cas, tous les mots sont invariables: tel est le cas de «đổ / verser». En conséquence, ce sont les relations «sémantico-syntaxiques constitutives» (Do-Hurinville, 2009) qui définissent les catégories grammaticales en vietnamien, contrairement au français. Il en résulte que l'identification de celles-ci est déterminée selon leur position dans la phrase: le rôle de la sémantique est fondamental dans l'interprétation du contenu de la phrase.

Paris (1984) est d'avis que «les unités lexicales (sont) prises sémantiquement comme verbes en vietnamien comme en chinois (Paris, 1984:103[22]).Tel est le cas de «**Đổ** (procès/verser) - *nước* (eau)» et «*Nước* (eau) - **đổ** (versée)».

Toutefois, la deuxième partie du proverbe, les termes «đầu vịt / tête canard» ne peuvent être inversés car le 2ème élément détermine le premier; en inversant les éléments, «vịt đầu / canard tête → canard de la tête, canard sur la tête, etc.», ils ne constituent aucun sens selon la syntaxe. D'après le contexte, on peut aussi traduire ce groupe nominal de la manière suivante: le premier canard (vịt đầu «tiên» - elliptique) ou le canard en tête, etc.

L'ordre des mots est essentiel. Il en est de même pour les autres variantes du proverbe (Exemples 1, 2, 3).

En glosant les mots du proverbe, on se base sur le procès. L'absence de mots outils – préposition, conjonction, déterminant – ne perturbe pas pour autant la construction sémantique du proverbe.

La TL facilite l'agencement lexico-sémantique vietnamien. En la lisant, le lecteur devine son sens grâce à la juxtaposition aux mots lexicaux.

Ces mots clés traduisent le concept-image «si on verse de l'eau sur la tête d'un canard, ou sur une feuille de taro, il n'y aura aucun effet»; il en est de même pour «jouer de la musique à un buffle». De plus, on constate que les mots suivent d'un certain ordre. Pour expliquer le mot pseudo-verbal, le procès, nous aimerions encore éclairer les traits caractéristiques syntaxiques du vietnamien.

Lorsqu'on décrit la linguistique vietnamienne, afin de faciliter l'étude, on introduit des termes grammaticaux empruntés au français, comme «nom, adjectif, verbe, préposition, adverbe, etc.» afin d'expliquer le lecteur occidental les phénomènes

[22] Paris a souligné qu'en chinois il existait des lexèmes qui étaient « étiquetés » noms et verbes, et d'autres qui étaient « ambivalents ». Puisque la distinction verbo-nominale ne peut pas relever de la morphologie flexionnelle, mais de la nature sémantique et surtout des rapports syntaxiques, je pense aussi qu'en vietnamien il y a des unités lexicales prises sémantiquement comme verbes: «ăn (manger), uống (boire), chạy (courir), nói (parler), d'autres comme nóm: ngôi nhà (maison), cái cửa (porte, chiếc ghế (chaise), [...]».

linguistiques. En réalité, le vietnamien fonctionne autrement. La classe grammaticale d'un mot est déterminée par sa position dans une phrase, mentionnée dans les exemples ci-dessus.

(5) Nồi tròn **úp** vung tròn, nồi méo **úp** vung méo. (Vn)

Nồi / tròn / úp / vung /tròn / nồi / méo / úp /vung

Marmite / rond / couvrir / couvercle / rond / marmite/ tordu / couvrir / couvercle/

méo.

tordu.

(5a) *La marmite ronde est couverte par le couvercle rond, la marmite tordue est couverte par le couvercle tordu.* (TL)

(5b) *Le couvercle rond couvre la marmite ronde, le couvercle tordu couvre la marmite tordue.*

(6) Nồi nào vung ấy. (Vn) V

Nồi / nào / vung / ấy.

Marmite / tel / couvercle / tel.

Telle marmite, tel couvercle.

(7) À chaque pot, son couvercle. (F)

La qualité se moque de la quantité. (Lamaison, 2000).

En vietnamien, il existe deux procès «úp - úp / couvrir - couvrir» (5), invariables en nombre et en personne. Pour les traduire correctement en français, on est obligé de mettre le procès à la tournure passive de la phrase (5a); ou bien on respecte la tournure active de la version d'origine, en inversant les syntagmes nominaux (5b): «le couvercle rond, la marmite rond; le couvercle tordu, la marmite tordue.

La difficulté du vietnamien réside dans le trait isolant de la langue. L'absence de mots grammaticaux ne perturbe pas la compréhension du proverbe. La syntaxe, indiquée par la virgule, détermine le sens.

Dans l'exemple (6), le proverbe vietnamien est court et elliptique. L'emploi de «nào … ấy» est équivalent à «comme ci … comme ça / tel… tel». On peut le paraphraser de la manière suivante:

(6) Nồi nào (như thế) thì vung nấy (như thế). (Vn)

Marmite comme ci, alors couvercle comme ça.

Telle marmite, tel couvercle. (F)

À chaque marmite, son couvercle. (F) V1

«Nào … ấy» correspondent à «như thế» et se traduisent par «tel … tel» ou «comme ci… comme ça».

Cette variante (6) correspond au proverbe français dans l'exemple (7), averbal et elliptique.

L'élément noyau repéré, le procès est fondamental pour saisir la construction du sens proverbial.

(8) **Thề** cá trê **chui** ống. (Vn)

Thề / cá trê / chui / ống.

Jurer / silure / traverser / tuyau – canal

Il ne faut pas jurer sur un silure qui s'enfuit par le canal.

(9) Il ne faut jurer de rien. (F)

Nul ne pouvant dire ce que l'avenir lui réserve, il est prudent de se garder de tout serment définitif (Lamaison, 2000).

L'exemple (8) est intéressant à étudier quant au proverbe correspondant vietnamien. Mais nous y reviendrons ultérieurement. Le proverbe français n'exprime pas de métaphore, au contraire du proverbe vietnamien qui exprime une image stéréotypée.

Le proverbe vietnamien est une phrase affirmative; les deux termes «thề, chui» jouent le rôle de procès: dans ce cas, c'est une phrase complexe (cf. TL): la syntaxe est précise: «thề cá» (jurer – silure): cause / chui ống (échapper / canal): conséquence. Ce proverbe est complet du point de vue syntaxique et sémantique. La traduction littérale est: «Si on jure sur un silure, ça n'en vaut pas la peine, car il se faufile rapidement». C'est un précieux conseil et il utilise une image: il est non littéral.

Le proverbe français est littéral, sans image métaphorique. Le sens profond de ce proverbe est: Il ne faut jamais affirmer avec certitude, il faut toujours être conscient qu'il existe une marge d'erreur[23].

Le proverbe vietnamien (10), non littéral (emploi d'une métaphore), et son correspondant français, littéral, sens réel, expriment un conseil précieux. Celui-ci, attesté au 17e siècle (Oudin), a donné le titre d'une comédie de Musset[24].

(10) **Trời sinh** voi, **trời sinh** cỏ. (Vn)
Trời / sinh / voi / trời / sinh / cỏ.
Ciel / naître / éléphant / ciel / naître / herbe
Le ciel donne naissance à l'éléphant, le ciel donne naissance à l'herbe. (TL)

(11) À brebis tondue, Dieu mesure le vent. (F)
Dieu donne le froid selon le drap (Montreynaud, Pierron, Suzzoni, 1986).

Dans l'exemple (10), les deux éléments «trời sinh / ciel naître» sont réitérés. Seuls les nouveaux éléments lexicaux apparaissent: «voi/éléphant» et «cỏ / herbe». La virgule ponctue la phrase complexe par juxtaposition; la forme verbale «sinh/naître» dans les propositions crée les deux procès.

La version équivalente française (11) possède une phrase complexe également: la 1ère: proposition participiale/adjectivale, et la 2ème : proposition principale, formulée à l'aide du procès «mesure». Dans les deux versions, la 1ère proposition est la condition, la circonstancielle de temps, ou la cause, et la 2ème, la conséquence.

Les proverbes vietnamiens et français se structurent en deux temps. La cadence rythmique est mélodique et tonale.

---

[23] https://www.linternaute.fr/proverbe/224/il-ne-faut-jurer-de-rien/ consulté le 2 février 2024.
[24] Alain Rey et Sophie Chantreau, Dictionnaire des expressions et locutions, 1979, Les Usuels de Robert.

3.2. Comparaison parémiologique

La comparaison des proverbes vietnamien et français est culturellement intéressante; elle révèle la similitude d'expressions des réalités dans la société, orientale *vs* occidentale.

Il existe deux catégories de proverbes: le proverbe dit «littéral», qui n'utilise pas d'image ou de métaphore, et le proverbe dit «non littéral», qui recourt à une métaphore ou une image stéréotypée.

Plusieurs proverbes vietnamiens métaphoriques ont leurs équivalents français métaphoriques. On trouve aussi des proverbes vietnamiens littéraux et leurs correspondants français non littéraux, ou *vice versa*.

On distingue plusieurs procédés pour construire le sens.

3.2.1. Concordance totale: la même image, le même concept

Les mots construisent un concept[25] à travers une image. Dans cette perspective, nous décrivons les concepts parémiologiques ou proverbiaux. C'est en ce point crucial, en plus de la structure syntaxique, que se réalise l'étude contrastive des concepts parémiologiques *via* des images proverbiales grâce à des mots qui en construisent.

Selon Zouogbo (2009: 148), la définition du concept proverbial est plus précise:

> Le concept parémiologique est une idée abstraite et générale qui est déduite du proverbe et de l'expression idiomatique. C'en est même de conséquence immédiate au niveau sémantique car l'expression idiomatique et, dans notre cas, le proverbe est un signe au sens saussurien de l'union entre image acoustique et sens. Et celui-ci est souvent figuré. Le sens du proverbe, en effet, ne procède donc pas de la compositionnalité de ses formatifs.

Et celle de l'image parémiologique de Zouogbo (2009: 234): «Les images qui agissent en tant que réelles dans les proverbes résultent de la conjonction de processus métaphoriques et de figement de certains dans le code culturel et langagier propre à chaque langue».

---

[25] *Philo.* Représentation mentale générale et abstrait d'un objet. Voir «idée». *Psycho et log.* (sens strict). Représentation abstraite et générale d'un être, d'une manière d'être, ou d'au rapport, qui est formée pas l'entendement (idée générale) (Dictionnaire Petit Robert 1, 1989, Paul Robert).

Nous nous appuyons sur ces deux définitions principales pour poursuivre notre linguistique descriptive.

Les éléments linguistiques composent le proverbe et construisent le sens, lui-même exprime le concept parémiologique à travers une image, qui elle-même va s'appliquer dans des situations concrètes lorsque les sujets vont les utiliser. De cette façon, chaque pays/culture exprime différents images-concepts selon sa culture, sa civilisation, ses mœurs, soit occidentaux, soit orientaux. C'est le cas du vietnamien et du français.

Reprenons les exemples ci-dessus:

(5) Nồi tròn úp vung tròn, nồi méo úp vung méo. (Vn)

La marmite ronde est couverte par le couvercle rond, la marmite tordue est couverte par le couvercle tordu.

(6) Nồi nào, vung ấy. (Vn) V

Telle marmite, tel couvercle.

(7) À chaque pot, son couvercle. (F)

Dans les proverbes vietnamiens et français (5) et (7), on constate le même concept, et la même image. Leur structure morphosyntaxique, ou bien leur formulation diffère dans la description plus en détails: le proverbe français est plus économique, court, averbal, elliptique. La structure des deux proverbes est binaire, pointée par une virgule. Dans ce cas, on dit qu'il y a «correspondance partielle», c'est-à-dire que les deux proverbes possèdent le même concept, avec des images différentes.

Le proverbe vietnamien (5) possède des rimes, marquées simultanément par des répétitions de mots et des tons: tròn / tròn (rond) dotés du ton grave; méo / méo (tordu) dotés du ton aigu.

Sa variante (6) est la TL du proverbe français, aussi courte et elliptique. C'est la correspondance totale entre ces deux proverbes (6) et (7): «La concordance est dite totale lorsque la même idée, le même concept est illustré dans les deux langues avec les mêmes images.» (Zouogbo, 2009: 276).

Malgré les différentes origines des langues, telles que le français et le vietnamien, on peut retrouver ces proverbes vietnamiens et français de concordance totale. Voici d'autres exemples:

(12) Nói thật mất lòng. (Vn)

Nói / thật / mất /lòng.

parler / vrai / perdre / cœur – sentiment

(12') Il n'y a que la vérité qui blesse. (F)

(12") La vérité blesse. (F) V

(13) Ném tiền qua cửa sổ. (Vn)

Ném / tiền / qua / cửa sổ.

jeter / argent / par / fenêtre

(13') Jeter l'argent par les fenêtres. (F)

(14) Quy tắt nào cũng có ngoại lệ. (Vn)

Quy tắt / nào / cũng /có / ngoại lệ.

Règle / n'importe / aussi / avoir / exception

(14') N'importe quelle règle comporte aussi des exceptions. (F)

Les proverbes (11, 11', 13, 13') sont littéraux alors que l'exemple (12, 12') sont non littéraux.

Les proverbes vietnamiens sont économiques. La caractéristique «isolante» de la langue vietnamienne explique l'économie lexicale (cf. les gloses des exemples). En outre, la construction de sens se réalise, en apparence, simplement par la juxtaposition.

3.2.2. Les proverbes partiellement équivalents ou de concordance partielle[26]

Mahmudova (2012:197: 198)[27] définit «Les proverbes partiellement équivalents» ainsi:

> La description ici se fait sur les proverbes qui renvoient aux mêmes concepts avec des images plus ou moins différentes, ce qu'on appelle la concordance partielle. Nous avons constaté que même si les images varient d'une langue à l'autre, elles restent la plupart du temps dans le même domaine fournisseur. En d'autres termes, les métaphores choisies appartiennent aux mêmes thèmes. [...].

Reprenons la définition de Zouogbo (2009: 277), mentionnée dans l'article antérieur[28]: «La concordance est dite partielle dans le cas des proverbes exprimant le même contenu conceptuel et avec la même image, mais sous une formulation différente, c'est-à-dire avec une structure différente».

Il est laborieux de traduire exactement du mot à mot le proverbe vietnamien en français car du point de vue syntaxique, plusieurs versions sont possibles; néanmoins, nous restons le plus fidèle possible à la version originale. Rappelons que tous les mots sont invariables; dépendant de leur position dans la phrase, on peut identifier la nature et la fonction de chaque élément; par exemple, le groupe de mot «tắt (éteindre) – đèn (lampe) [procès]» se traduit par «éteindre lampe / lorsqu'on éteint la lampe».

(15) Tắt đèn, nhà ngói cũng như nhà tranh. (Vn)

Tắt / đèn / nhà / ngói / cũng / như / nhà / tranh.

Éteindre / lampe / maison / brique / aussi / pareil / maison / bambou

La lumière éteinte, la maison en brique est comme la maison en bambou.

---

[26] La définition, selon notre humble avis, est dite partielle, dans le cas qui nous préoccupe: les proverbes ont au moins un point commun (soit par le lexique, par exemple, le concept abstrait sémantiquement égal); cependant, les images, ou les métaphores sont différentes.

[27] Sabina Mahmudova. Thèse de doctorat. Analyses linguistiques des proverbs français et azerbaïdjanais. Linguistique. Université de Strasbourg, 2012. Français. ffNNT: 2012STRAC008ff. fftel-03778711ff. Consulté le 8 juillet 2024.

[28] Regards contrastifs trilingues: lexique du vieillissement et ses dérivés dans le proverbe et l'expression figée.

(15') La nuit, tous les chats sont gris. (F)

La nuit efface les différences: «Dans l'obscurité, on ne distingue pas une belle femme d'une femme laide (Quitard, 2006)»[29].

Tableau 2: Comparaison du proverbe vietnamien et français (15 , 15')

Concordance partielle

<table>
<tr><td colspan="2">Point commun : l'obscurité.

L'obscurité efface les différences: les deux proverbes formulent le même concept, composé par les différents termes, par deux images différentes.</td></tr>
<tr><td>Tắt đèn,

Eteindre la lumière</td><td>La nuit</td></tr>
<tr><td>Interprétation

Comparaison

Dans l'obscurité:

Nhà ngói cũng như nhà tranh.

La maison en brique est similaire à la maison en bambou.</td><td>Interprétation

Comparaison

La nuit:

Tous les chats sont gris.

Les chats gris sont comme les chats blancs.</td></tr>
</table>

3.2.3. Concordance nulle

Cette catégorie de proverbes bilingues où il n'existe aucune concordance – concordance nulle – entre eux est intéressante à étudier car le proverbe reflète la tradition, la culture.

Selon Zouogbo (2009), «la concordance nulle» concerne les proverbes de plusieurs langues (le vietnamien et le français) qui expriment «le même concept».

[29] Le Robert, Dictionnaire de proverbes et dictons, Florence Montreynaud, Agnès Pierron, François Suzzzoni, Collection les Usuels.

Cependant, «ils ne font pas usage des mêmes images et les structures morphosyntaxiques sont différentes».

La comparaison de cette catégorie est intéressante car elle révèle les codes culturels divergents, mais exprime un même concept.

Reprenons à l'exemple (10):

(10) Trời sinh voi, trời sinh cỏ. (Vn)

Le ciel donne naissance à l'éléphant, le ciel donne naissance à l'herbe.

(11) À brebis tondue, Dieu mesure le vent. (F)

(12) La nature fait bien les choses. (F) V

Dieu, le destin proportionne les épreuves de la faiblesse humaine. (Rey, Chantreau, 1979[30]).

Il existe une variante du proverbe français, plus utilisée dans notre époque: «La nature fait bien les choses». Dans ce cas, ce proverbe est dit «littéral».

Le proverbe vietnamien (10) se réfère au Ciel, la puissance céleste pour le peuple. Les éléphants sont de grands animaux, ils doivent manger des centaines de kilogrammes d'herbes chaque jour pour se remplir l'estomac. Si le ciel crée l'éléphant, il faut lui donner beaucoup d'herbes pour les nourrir[31].

L'équivalent proverbial français (11) utilise le support bestiaire, la brebis. Dieu, la puissance divine, donne naissance à la brebis qui produit de la laine à l'être humain. L'interaction entre l'homme et la brebis est fondamentale. L'homme utilise sa laine en la tondant et l'utilise. Lorsque la brebis est tondue, elle a froid; alors Dieu «mesure» le vent lorsque sa laine est tondue.

Le même concept de ces deux proverbes est formulé d'une manière distincte:

Le Tableau 3 ci-dessous synthétise la comparaison des deux proverbes vietnamien et français des exemples 10 et 11.

[30] Dictionnaire des expressions et locutions, Les Usuels de Robert.
[31] Voi là giống thú lớn, mỗi ngày phải ăn mấy trăm kí lô cỏ mới no bụng. Vì vậy trời sinh ra voi tất nhiên trời phải sinh ra nhiều cỏ để nuôi voi. Tự Điển Thành Ngữ Tục Ngữ Ca Dao Việt Nam. Dictionnaire Expressions Idiomatiques – Proverbes – Chanson Populaire. Quyển Hạ. Nhà Xuất Bản Đồng Nai. 2010. Nous proposons la traduction.

Tableau 3: Comparaison du proverbe vietnamien et français (10, 11)

Concordance nulle

<table>
<tr><td colspan="2">Le concept commun:

Le destin proportionne les épreuves de la faiblesse humaine.

Différentes structures syntaxiques:

↓

Concordance nulle : concordance sémantique et morphosyntaxique nulle.</td></tr>
<tr><td>Trời sinh voi / trời sinh cỏ.</td><td>À brebis tondue / Dieu mesure le vent.</td></tr>
<tr><td>Structure binaire

Rimes, rythmes / réitération de deux termes «trời sinh / Le ciel fait naître»

Voi / cỏ = Éléphant / herbe: c'est la relation entre l'éléphant et l'herbe est fondamentale. L'herbe est la base de sa nourriture.</td><td>Structure binaire

Pas de rimes

La relation fondamentale entre Dieu et la brebis. Il lui donne de la laine quand il a froid, et la laine sert aux humains, d'où la tonte.</td></tr>
<tr><td>Trời: ciel (ton grave)

sinh: donner naissance (ton égal)

voi : éléphant (égal)

trời: ciel (ton grave)

sinh: donner naissance (ton égal)

cỏ: herbe (ton interrogatif)</td><td>À brebis tondue: groupe participial complément circonstanciel de temps;

Dieu mesure le vent: proposition principale</td></tr>
<tr><td>Trời (ciel) (sujet) + sinh / naître (verbe) + voi /éléphant (COD) /

Trời / ciel (sujet) + sinh (verbe) + cỏ / herbe (COD[32])</td><td>À brebis tondue:

proposition subordonnée conjonctive circonstanciel de temps.</td></tr>
</table>

[32] Complément d'objet direct.

Deux phrases simples constituent une phrase complexe par la juxtaposition.	préposition «à» indique le temps (lorsque, quand) - tondue: participe passé pris adjectivement, a le sens passif (la brebis est tondue) Dieu mesure le vent: proposition principale.
Orient (divinité: Ciel)	***Occident*** (divinité: Dieu)

4. Procédés métaphoriques contrastifs proverbiaux du vietnamien en français

Le proverbe vietnamien et le proverbe français dévoilent plusieurs concepts et images communs malgré le choix varié lexico-sémantique et morphosyntaxique. L'équivalence entre les proverbes est, en conclusion, universelle du point de vue de la vision réelle du monde où nous vivons. Seuls les *us* et coutumes divergent.

Découvrir le proverbe à travers le monde grâce à son équivalence pour la curiosité linguistique, culturelle et sociale est extrêmement enrichissant.

La structure et le procédé proverbial sont les mêmes en vietnamien et en français telle que la structure binaire avec des rimes ou prosodique, ou bien tonale en vietnamien, etc.

Il est intéressant d'observer l'origine populaire ou ancestrale des proverbes légués par l'expérience populaire tirée de la vie quotidienne depuis des siècles. Le caractère essentiel est leurs dénominations phrastiques validées grâce à l'authenticité des réalités de la vie humaine et de la nature.

La morphosyntaxe et le lexico-sémantique du proverbe vietnamien et du proverbe français par le biais des concepts et des images étudiés dans cette analyse témoignent de la multiplicité des procédés linguistiques et culturels. Les concepts proverbiaux formulés, en général, se rejoignent. Toutefois, ce sont les images qui définissent l'originalité des proverbes de chaque pays selon sa position géographique orientale *vs* occidentale.

La comparaison parémiologique est fructueuse car on peut trouver, malgré les divergences culturelles, la concordance totale – la même image, le même concept -, la concordance partielle, et la concordance nulle reflétées fondamentalement grâce à l'usage des mots dans le langage pour construire le sens.

Références bibliographiques

Cortes de Lacerda, R., Cortes de Lacerda, H. da, Santos Abreu, E. dos. 2000. *Dicionário de Provérbios Françês Português Inglês, Provérbios definidos por Didier Lamaison.* Lisboa: Contexto.

Dai Ky Nguyen. 2024. https://www.dkn.tv/nghe-thuat/su-tich-dan-gay-tai-trau-chung-ta-da-bao-gio-ban-tang-mot-thu-vo-cung-quy-gia-cho-nguoi-khong-he-biet-gia-tri-cua-no.html.

Do-Hurinville, D. T. 2009. *Temps, aspect et modalité en vietnamien: étude contrastive avec le français*. Paris: L'Harmattan.

Dubois, J. & ali. 1973. *Dictionnaire de linguistique.* Paris VIe: Librairie Larousse.

Dournon, J-Y. 1986. *Dictionnaire des proverbes et dictons de France*. Paris: Hachette.

Huu Ngoc. 2006. *À la découverte de la culture vietnamienne.* Ha Noi: The Gioi.

Jamet, D. 2008. *Avant-propos.* Métaphore et perception. Approches linguistiques, littéraires et philosophiques. Paris: L'Harmattan, 9-12.

Kleiber, G. «Les proverbes: des dénominations d'un type «très très spécial», *Langue française, n°123, 1999. Sémantique et stéréotype*, 2021, 52-69.

Ky Nguyen Dai. https://www.dkn.tv/nghe-thuat/su-tich-dan-gay-tai-trau-chung-ta-da-bao-gio-ban-tang-mot-thu-vo-cung-quy-gia-cho-nguoi-khong-he-biet-gia-tri-cua-no.html. [Légende de l'expression «Jouer de la musique à un buffle »] 26 janvier 2020.

Linternaute, https://www.linternaute.fr/proverbe/224/il-ne-faut-jurer-de-rien/. 2 février 2024.

Lo-Cicero, M.-H. 2016. Chapter Twenty-Five, «La sémantique et la pragmatique du proverbe et de l'expression figée portugais ↔ français dans l'œuvre de Saramago «Ensaio sobre a cegueira / L'aveuglement / Blindness », *Meaning in Translation Illusion of Precision.* Edited by Larisa Ilunska and Marina Platonova. 419 – 433.

Mahmudova, S. 2012. Thèse de doctorat. Analyses linguistiques des proverbes français et azerbaïdjanais. Linguistique. Université de Strasbourg.. Français. ffNNT: 2012STRAC008ff. fftel-03778711ff. 8 juillet 2024.

Montreynaud, F. & Pierron, A. & Suzzoni, F. 2006. *Le Robert, Dictionnaire de proverbes et de dictons,* , François Suzzoni, Collection les Usuels.

Nguyen, L. 1992. *Tu Dien Thanh Ngu – Tục Ngữ Pháp Việt / Dictionnaire des locutions et proverbes Français – Vietnamien*, Hà Nội: Nhà Xuất Bản Giáo Dục.

Paris, M.-C. 1984. «Nom et verbe en chinois: ressemblances et différences», *Modèles linguistiques, VI, Fasc. 1.* 101-115.

Quitout, M. & Sevilla Muñoz, J. (éd.). 2009. *Traductologie, proverbes et figements, Préface de Michel Ballard.* Paris: L'Harmattan.

Quyển H. 2010. *Tự Điển Thành Ngữ Tục Ngữ Ca Dao Việt Nam (Dictionnaire Expressions Idiomatiques – Proverbes – Chanson Populaire),* Nhà Xuất Bản Đồng Nai. / Maison d'Édition Đồng Nai.

Rey, A. & Chantreau, S. 1979. *Dictionnaire des expressions et locutions,* Paris : Les Usuels de Robert.

Riegel, M., Pellat, J.-C.1994. Version corrigée 1996. *Grammaire méthodique du français.* Paris: PUF Linguistique Nouvelle.

Robert, P. 1989. *Le nouveau Petit Robert 1, Dictionnaire alphabétique et analogique de la langue française.* Paris: Dictionnaires Le Robert.

Tran, T. H. 2010. *Proverbes, dictons, locutions usuels en français et en vietnamien.* Paris: L'Harmattan.

Vu, D., Vu, T.-A, Vu, Q.- H. 2000. *Tự Điện Thành Ngữ – Tục Ngữ Việt Nam / Dictionnaire de l'expression idiomatique, du proverbe.* Việt Nam: Nhà Xuất Ban Vặn Hóa Thông Tin.

Wiktionary.2024.https://fr.wiktionary.org/wiki/%C3%A0_laver_la_t%C3%AAte_d%E2%80%99un_%C3%A2ne,_on_perd_sa_lessive.

Zouogbo Claver, J.-P. 2009. *Le proverbe entre langues et cultures.* Bern, Berlin Bruxelles, Frankfurt, Main, New York, Oxford, Wien: Peter Lang. Janvier 2024.

www.ingramcontent.com/pod-product-compliance
Lightning Source LLC
LaVergne TN
LVHW010505160826
845677LV00012B/2668

* 9 7 9 8 8 9 2 4 8 6 7 7 4 *